DIE WEISHEIT DER WELT

Orient

Herausgegeben von Danielle Föllmi
Fotografiert von Olivier Föllmi

DIE WEISHEIT DER WELT

Orient

DANIELLE & OLIVIER FÖLLMI

Aus dem Französischen von Ilse Fath-Engelhardt

Farid ud-Dîn Attar, Augustinus, Rabbi Ben Asai, Cheikh Khaled Bentounès, Die Bibel, Rabbi Bunam aus Pzysha, Der Koran, Philippe Yacine Demaison, Yunus Emre, Morsi Gamil Aziz, Abu Hamid Muhammad ibn Muhammad al-Ghazâlî, Khalil Gibran, Hillel der Ältere, Ibn al-Arabî, Isaak der Syrer, der heilige Johannes, Umm Kulthum, Omar Khayyam, Amin Maalouf, Rabbi Meir, Rabbi Menachem Mendel, Rabbi Nachman von Bratslav, Marc-Alain Ouaknin, der heilige Paulus von Tarsus, Ahmad Mohammed Rami, Dschalal ad-Din ar-Rumi, Frithjof Schuon, Mahmûd Shabestarî, Rabbi Shimon bar Yohai, Ahmad Shafiq Kamel, Rabbi Simcha Bunem von Przysucha, Faouzi Skali, Abû Hayyân al-Tawhîdî, Rabbi Zadok HoCohen von Lublin, Rabbi Jochanan, Muhammad Yunus

KNESEBECK

»Da zog der Herr vorüber: Ein starker, heftiger Sturm, der die Berge zerriss und die Felsen zerbrach, ging dem Herrn voraus. Doch der Herr war nicht im Sturm. Nach dem Sturm kam ein Erdbeben. Doch der Herr war nicht im Erdbeben. Nach dem Beben kam ein Feuer. Doch der Herr war nicht im Feuer. Nach dem Feuer kam ein sanftes, leises Säuseln. Als Elija es hörte, hüllte er sein Gesicht in den Mantel, trat hinaus und stellte sich an den Eingang der Höhle.«

Diese bekannte Bibelpassage erinnert uns daran, dass die Offenbarung des Absoluten nicht so häufig von außergewöhnlichen Erscheinungen begleitet wird, wie man in Anbetracht deren geheimnisvoll-schrecklicher Herkunft annehmen könnte.

In einem Zyklus von Bildern und Zitaten aus den großen kulturellen und religiösen Traditionen des Maghreb und des Orients führt uns dieses Buch aus der Leere unseres modernen, naturfernen Daseins zu den Quellen des Lebens selbst. Paradoxerweise sind die Wüstengebiete des Mittleren Orients und Nordafrikas die wichtigsten Schauplätze dieser Rückkehr zu den Ursprüngen. Doch das muss nicht erstaunen. Das Judentum, das Christentum und der Islam haben ihre gemeinsamen Wurzeln in Abraham, dem nomadischen Patriarchen, der mit seinem Leben unsere angeblichen Sicherheiten ins Wanken bringt und uns zur Wanderschaft anhält.

Der dargebotene Weg zeichnet sich von Anfang bis Ende durch ein Gefühl der Suche und der Hoffnung aus. Die Antwort – die für jeden anders ausfällt, aber doch eine einzige für uns alle darstellt – wird denen gegeben, die sich infrage stellen können: Darin liegt der Schlüssel des Geheimnisses, das in jedem Stein, in jedem Atemzug und in jeder Lebensgeschichte dieser wahrhaftigen Wiege der Menschheit pulsiert.

Angesprochen sind nicht nur die wenigen mit besonderen Fähigkeiten und Kenntnissen ausgestatteten Privilegierten Alle Menschen können dem Aufruf folgen, wieder wie die Kinder zu werden, und zu Demut, Neugier und Staunen imstande sein. In diesem Sinn ist jede Prophezeiung, was sie schon immer war und sein musste: kein streng formuliertes Dogma, vielmehr gibt sie einen unverhofften Einblick in das Rätsel unserer Herkunft und eine Vorstellung davon, was uns in der Zukunft erwartet. Nicht nur der religiös Denkende, sondern jeder Mensch, der sich seines Geheimnisses gewahr ist, wird sich in diesem Zyklus wiedererkennen. Unausgesprochene Fragen – deren wir uns manchmal gar nicht ganz bewusst sind – tauchen Seite für Seite auf und bringen uns auf die Spur einer Geschichte, die so alt ist wie die Welt, inmitten des ganz alltäglichen Lebens, das ein jeder kennt. Wie nach dem Aufstieg auf einen Berggipfel, wie lange dieser Weg auch dauert, eröffnen sich schließlich ungeahnte Ausblicke. Bewegt und dankbar für dieses Geschenk, möchte man es sogleich mitteilen. So können wir einander im engeren und weiteren Umkreis geliebter Menschen zugestehen, uns selbst und die Welt mit neuen Augen zu sehen.

Paolo Branca
Professor für arabische Sprachen, Literatur und Islamistik
an der Katholischen Universität von Mailand
Spezialist für die Vermittlung zwischen Islam und Moderne

SINN GEBEN

REINES HERZ

Nicht die Welt ist der Ursprung der Frage,
sondern die Frage ist der Ursprung der Welt.

Rabbi Nachman von Bratslav (1772–1810)

Die Altstadt von Ghadames, ein bedeutendes Kulturerbe der Berber,
entstand zum Schutz vor der Hitze der Wüste. Libyen

Ach könntet ihr vom Duft der Erde leben
und durch Licht bei Kräften gehalten werden wie eine Luftpflanze.

Khalil Gibran (1883–1931)

Gewitterhimmel im marokkanischen Teil des Atlasgebirges

Denn im Sonnenlicht liegt der Atem des Lebens,
und des Lebens Hand ist im Wind.

Khalil Gibran (1883–1931)

Während des jährlichen Festivals in Ghat, dem Tor zur Sahara, lassen die Tuaregfamilien
ihre Traditionen wieder aufleben. Libyen

Fehlt dir der Fuß zur Reise, so wähle den Weg in dich selbst –
Solch Reise verwandelt das Staubkorn in goldene Herrlichkeit!

Dschalal ad-Din ar-Rumi (13. Jh.)

Im Massiv des Hohen Altai überquert eine Karawane den späten Firnschnee. Mongolei

Es gibt nichts, wonach der Mensch nicht forschen würde:
Er erkundet die Berge und Hügel, sucht herauszufinden, was sich in und über
dem Meer und in den entlegensten Wüsten befindet.
Dennoch gibt es etwas, das der Mensch vernachlässigt und nicht ergründet:
die Göttlichkeit, die in ihm ist.

Rabbi Zadok HoCohen von Lublin (19. Jh.)

Die achtjährige Uisam Ali in Ghadames, Libyen

Schau dir die Wolke an, wie sie weint. Schau dir den lachenden Garten an.

Dschalal ad-Din ar-Rumi (13. Jh.)

Der See Um el Ma in der Sahara bei Ubari, der letzten Oase im Wadi Adjal, Libyen

Heiligt euren Mund durch das Gebet und das Studium.

Heiligt eure Nasenlöcher durch den langen Atem der Geduld.

Heiligt eure Ohren durch das Hören weiser Reden.

Heiligt eure Augen, indem ihr sie vor negativen Ansichten verschließt.

Rabbi Nachman von Bratslav (1772–1810)

Die Madrasa Ben-Youssef, eine alte Koranschule, liegt inmitten der Altstadt von Marrakesch. Marokko

Und lasst euren Tisch einen Altar sein, auf dem das Reine
und Unschuldige des Waldes und des Feldes geopfert wird für das,
was noch reiner und unschuldiger im Menschen ist.

Khalil Gibran (1883–1931)

Empfangsessen in Bukhara, Usbekistan

In der Sinnenwelt gibt es einen Ausgangspunkt zur geistigen Welt.
Wenn diese beiden Welten nicht miteinander verbunden wären und sich nicht
entsprächen, gäbe es keinen Aufstieg.

al-Ghazâlî (6. Jh.)

Ein junger Toubou musiziert im Ennedi-Massiv. Tschad

Und wenn ihr einen Apfel mit den Zähnen zermalmt, sagt in eurem Herzen zu ihm:

»Deine Samen werden in meinem Körper fortleben,

Und die Knospen deines Morgens sollen in meinem Herzen blühen,

Und dein Duft wird mein Atem sein,

Und zusammen werden wir uns der Jahreszeiten erfreuen.«

Khalil Gibran (1883–1931)

Die Bewohner des Hunzatals im Himalaja sind für ihre hohe Lebenserwartung berühmt,
die teilweise auf ihre Ernährungsweise zurückgeführt wird. Pakistan

Mit jedem Atemzug, den du machst, erneuert sich dein Leben,
das für dich Licht oder Finsternis ist.

Faouzi Skali (geb. 1953)

Gaotah, eine 16-jährige Targia, in Ghadames, Libyen

Sei trunken, o Freund. Das ist der beste Weg.

Trotz äußerer Nüchternheit sollte sich deine Seele unentwegt

am Wein der Fröhlichkeit laben.

Er allein, o Freund, weiß dich vor innerem Austrocknen zu bewahren.

Faouzi Skali (geb. 1953)

In den Dünenfeldern bei Ubari, der letzten Oase im Wadi Adjal, Libyen

Wo du auch sein magst und in welcher Situation
du dich auch befindest, versuche immer ein Liebender zu sein
und ein leidenschaftlicher Liebender.

Dschalal ad-Din ar-Rumi (13. Jh.)

Mosaiken am Eingang zum Basar von Isfahan, einem der authentischsten Märkte des Iran

Die Rose ist ein geheimer baumbestandener Garten.

Hundert Rosen sind vergleichbar.

Eine ist einmalig.

Dschalal ad-Din ar-Rumi (13. Jh.)

Eine junge tadschikische Hirtin auf dem Chichiklik-Plateau zwischen China, Afghanistan und Pakistan, im Herzen Zentralasiens

Liebe ist die Verschmelzung von Himmel und Erde,
von Vergangenheit und Zukunft, von Gesang und Tanz.
Sie ist erfüllte Ganzheit.

Khalil Gibran (1883–1931)

Der See Um el Ma in der Sahara bei Ubari, der letzten Oase im Wadi Adjal, Libyen

WUNDER UND TÄUSCHUNGEN

Besser wäre es zu sagen:

Gewiss, das ist eine Wirklichkeit, aber die letzte Wirklichkeit

werde ich nie fassen können.

Cheikh Khaled Bentounès (20. Jh.)

Mosaiken im Felsendom, der drittheiligsten Stätte des Islam in der Altstadt von Jerusalem

Akzeptiere, dass Du etwas nicht als Triumph ansehen kannst,
aber lass Dir niemals einreden, Du seist besiegt.

Fariddudin Attar (12. Jh.)

Al Muthmar-Al Sofli ist ein typisches Bergdorf im Haraz-Gebirge. Jemen

Noch gibt es in deinem Herzen andere Standpunkte, so viele
falsche Götter, die du verschönern möchtest. Du verlierst kostbare Zeit und Kraft,
auch wenn du glaubst, richtig zu handeln.

Faouzi Skali (geb. 1953)

Lampenhändler am Jemaa-el-Fna-Platz in Marrakesch, Marokko

Geld macht verrückt.

Rabbi Nachman von Bratslav (1772–1810)

Agadir, erster Sardinenfischereihafen Marokkos

Ich habe die Rose gefragt: »Wem hast du diese Schönheit gestohlen?«
Sie lächelte leise, voller Scham, und sagte nichts.

Dschalal ad-Din ar-Rumi (13. Jh.)

Eine junge Berberin auf dem Festival in Ghadames, Libyen

Die Ketten der Welt bestehen nur in dir selbst.

Nimm dich vor deinen eigenen Listen in acht, und der Dämon

wird den Kampf aufgeben, mangels eines Verbündeten.

Faouzi Skali (geb. 1953)

Der Freitagsmarkt von Beit Al-Faqih ist einer der wichtigsten Märkte des Jemen.

Nun, ihre Augen sind nicht blind, nur die Herzen in ihrer Brust sind erblindet.

Koran 22,47

Während des Festivals in Ghadames lassen die Berber- und Tuaregfamilien ihre Traditionen
in der Wüste wieder aufleben. Libyen

56

Dem Auge erscheint das klein, was in Wirklichkeit groß ist;

es nimmt die Sonne in der Größe eines Schildes wahr und die Sterne so,

als seien es über einen azurblauen Teppich ausgestreute Geldstücke.

al-Ghazâlî (6. Jh.)

Der Palmenhain von Ghadames, Libyen

Eine Idee ist nicht mehr wahr, sobald man sich mit ihr abfindet.

Marc-Alain Ouaknin (geb. 1957)

Das gesellige Rauchen der Wasserpfeife ist im Orient Tradition. Ägypten

Wenn der Wind durch die Weide weht und sie tanzen lässt,

Gott weiß, worüber sie sich mit dem Wind unterhält!

Dschalal ad-Din ar-Rumi (13. Jh.)

Sandsturm im Palmenhain von Ghadames, einem ehemaligen Hauptknotenpunkt des Transsahara-Handels, Libyen

Der große Widerspruch des Menschen ist, dass er die Vielfalt wünscht,

ohne deren Wirren hinnehmen zu wollen;

er möchte die Relativität mit ihrem Geschmack des Absoluten oder Unendlichen,

aber ohne die Härten des Schmerzes;

er sehnt sich nach der Weite, aber nicht nach dem Begrenzten,

als könne es Ersteres ohne Letzteres geben und als könne die reine Weite

auf der Ebene der messbaren Dinge angetroffen werden.

Frithjof Schuon (1907–1998)

Im Königstempel Ramses' III. in Luxor, Ägypten

Und was bedeutet aufhören zu atmen anderes,

als den Atem von seinen rastlosen Gezeiten zu befreien, so dass er aufsteigen,

sich ausdehnen und Gott ungestört suchen kann?

Khalil Gibran (1883–1931)

Einer der Festungstürme, die Stadt und Hafen von Essaouira an der Atlantikküste schützten, Marokko

Jauchze vor Daseinsfreude, und du wirst lauter Jauchzer vernehmen.

Sprichwort der Tuareg

Gebet in der Wüste, Libyen

Eure Freude ist euer entlarvtes Leid.
Und derselbe Quell, aus dem euer Lachen hervorsprudelt,
ist schon oft von euren Tränen gespeist worden.

Khalil Gibran (1883–1931)

Die zehnjährige Fatima in der Altstadt von Ibb, Jemen

Nur der ist weise, der glücklich ist.

Heiliger Augustinus

Ein junger Fischer im Hafen von Hudaydah am Roten Meer, Jemen

Und vergesst nicht, wie gerne die Erde euch barfuß hat
und wie sich der Wind danach sehnt, mit eurem Haar zu spielen.

Khalil Gibran (1883–1931)

Der See Um el Ma in der Sahara bei Ubari, der letzten Oase im Wadi Adjal, Libyen

Belaste deine Seele nicht mit illusorischen Ängsten,
und schöpfe aus dem Alltag die Kraft der Gewissheiten.

Ahmad Mohammed Rami (geb. 1946)

Eine Mutter mit ihren drei Töchtern in einer kasachischen Jurte, in den Tälern des Hohen Altai, Mongolei

Alles, was der Mensch denkt, ist nicht wert, gesagt zu werden.

Und alles, was er sagt, ist nicht wert, aufgeschrieben zu werden.

Und alles, was er aufschreibt, ist nicht wert, gedruckt zu werden.

Rabbi Menachem Mendel (1902–1994)

In der alten Moschee der Königin Arwa in Jibla liest ein Dorfbewohner im Koran. Jemen

Freude besingt die Freiheit, ist aber keine Freiheit. Es ist die Blüte eurer Wünsche,

aber nicht deren Frucht. Es ist ein Abgrund, der zum Gipfel hinaufruft,

aber es ist weder die Tiefe noch die Höhe, es ist das Eingesperrte, das sich Flügel leiht,

aber es ist nicht die umfassende Weite. Ja, wahrhaftig,

Freude besingt die Freiheit. Und ich habe gerne, wenn ihr von ganzem Herzen singt;

möchte aber nicht, dass ihr euch im Gesang verliert.

Khalil Gibran (1883–1931)

Tanz auf dem Id-Kah-Masjid-Platz zum Klang zweier Trommeln und Oboen, die von dem Minarett der Moschee
in Kaschgar während des Opferfests Kurban Bayrami erklingen

Richte dein Augenmerk auf deine Unwissenheit,
und dir werden tausend Erkenntnisse zuteil.

Faouzi Skali (geb. 1953)

Koranlektüre in Jibla, Jemen

Deine Nähe versetzt mich ins Paradies,
deine Blicke sind Magie und Balsam für meine Seele.
Dein Lächeln macht zwei Herzen hoffnungsfroh.

Ahmad Mohammed Rami, gesungen von Umm Kulthum (geb. 1946)

Die 19-jährige Ticha in Ghadames, Libyen

Weisheit gleicht einer Gratwanderung – der Weg ist schmal,
und rechts und links droht der Abgrund des Extremismus.

Amin Maalouf (geb. 1949)

In der Sahara bei Ubari, Libyen

Die Wahrheit ist ein Spiegel,
der aus der Hand Gottes gefallen und zerbrochen ist.
Jeder hebt einen Splitter auf und meint,
darin sei die ganze Wahrheit enthalten.

Arabisches Sprichwort

Kuppel der Masjed-e Imam (Freitagsmoschee), einer der schönsten Moscheen der Welt, Iran

SICH GEBEN

AUF SEIN INNERSTES HÖREN

Lasst Lachen und geteilte Freude die Süße eurer Freundschaft sein.

Denn im Tau der Kleinigkeiten findet das Herz seinen Morgen und wird erfrischt.

Khalil Gibran (1883–1931)

Ein altes kasachisches Paar im Hohen Altai erinnert sich an vergangene Zeiten. Mongolei

Ich habe mich bei dir auf die Schwelle gesetzt, in der Hoffnung,
dass Freundschaft herauskommt.
Vielleicht wirst du die Tür öffnen und sagen: »Stehe auf, tritt ein.«

Dschalal ad-Din ar-Rumi (13. Jh.)

Die 27-jährige nubische Mutter Fatima Ebayd Mohamed im Hof ihres Hauses am Nilufer, Ägypten

Wie wertvoll ist ein Freund, dessen Anwesenheit dich erfreut

und der in deiner Abwesenheit voll des Lobes über dich ist.

Der Beleidigungen vergisst und der über Ungerechtigkeiten großzügig hinwegsieht.

Welch ein Glück für den, der einen solchen Freund hat!

Ali Abu Hayyan al-Tawhidi (10. Jh.)

Der beduinische Kameltreiber Nassir in Petra, Jordanien

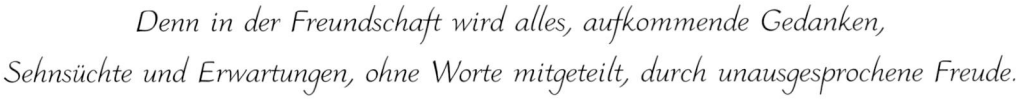

*Denn in der Freundschaft wird alles, aufkommende Gedanken,
Sehnsüchte und Erwartungen, ohne Worte mitgeteilt, durch unausgesprochene Freude.*

Khalil Gibran (1883–1931)

Eine Gruppe von Freunden nach dem Gemeinschaftsgebet am Ende des Ramadan in Essaouira, Marokko

Es ist der andere, der mich durch seine Rede infrage stellt, mich aufmuntert, mich am Altwerden hindert.

Marc-Alain Ouaknin (geb. 1957)

Auf dem Sonntagsmarkt von Taiz, Jemen

Auf einen Freund ist Verlass, er begleitet euch ein ganzes Leben.
Heute ist es ein Segen, morgen eine Kostbarkeit.

Ali Abu Hayyan al-Tawhidi (10. Jh.)

Zwei Tuareg unterhalten sich vor dem Dromedarwettrennen während des Festivals in Ghat. Libyen

Bescheidenheit bringt wahrhaftig Befreiung.

Faouzi Skali (geb. 1953)

Im Ennedi-Massiv im Süden der Sahara führen die Hirten ihre Dromedare zur Wasserstelle. Tschad

Man kennt nur Dinge, deren Gegenteil man erfahren hat.

Du kannst niemals aufrichtig werden, solange du dir weder deine Verstellungen

eingestanden noch dich dazu entschieden hast, gegen sie anzugehen.

Cheikh Khaled Bentounès zitiert Abu Uthman al-Maghribi (20. Jh.)

In den Zellen der Speicherburg von Nalut lagern Getreide, Ölkrüge und verschiedene Ackergeräte der Familien des Dorfes. Libyen

Leider hält sich der Mensch nach wie vor an seiner Individualität fest.
Er hat Angst, in der Erkenntnis des anderen aufzugehen,
sich in ihm wiederzuerkennen und widerzuspiegeln.

Cheikh Khaled Bentounès (20. Jh.)

In einem traditionellen Haus in Zabid, das als Drehort für den Film *Erotische Geschichten aus 1001 Nacht* von Pier Paolo Pasolini diente, Jemen

Sich selbst erkennen bedeutet, hundertmal zu leben.

Farid ud-Dîn-Attar (12. Jh.)

Rast nahe der Moschee der alten Stadt Kaschgar in China, im Herzen Zentralasiens

Säßest du auf einer Wolke, würdest du weder
die Grenzen der Länder noch die Gemarkungen der Felder sehen.
Wie schade, dass du auf keiner Wolke sitzt.

Khalil Gibran (1883–1931)

Oase bei Dades, im marokkanischen Teil des Atlasgebirges

Erhebe dich über Zeit und Raum, lass die Welt los, und sei dir selbst eine Welt.

Mahmûd Shabestarî (14. Jh.)

Der aus Al Hudaydah stammende 65-jährige Fischer Arif ruht sich nach dem Fischfang auf seinen Netzen aus. Jemen

Zwischenmenschliche Beziehungen können nur eine Regel haben:

umfassende Liebe.

Rabbi Ben Asai (2. Jh.)

Die elfjährige Raviah Oman während des jährlichen Festivals in Ghadames, Libyen

Eine Hand öffnet sich, streckt die Finger aus und macht beim
Erfassen der Welt nicht gleich eine Faust.
Die Finger bleiben ausgestreckt, hingegeben. Das ist Liebkosung.

Marc-Alain Ouaknin (geb. 1957)

Während des jährlichen Festivals in Ghadames lassen die Berber- und Tuaregfamilien
ihre Traditionen wieder aufleben. Libyen

Liebste, ich bin für dich geschaffen worden, nur für dich.

Mein Herz labt sich an deiner Zärtlichkeit, nur für dich.

O süßes Leben, o süße Träume! O welche Süße! Nur für dich.

Ahmad Shafiq Kamel (20. Jh.)

In einer kasachischen Jurte im Hohen Altai, Mongolei

Ach Liebste, wenn du wüsstest, wie mir zumute war, bevor ich dich traf!

Ich wollte mich an nichts erinnern und konnte mich auf nichts freuen.

Morsi Gamil Aziz (20. Jh.)

Die achtjährige Aiicha Abrahim während des jährlichen Festivals in Ghadames, Libyen

Die Liebkosung weiß nicht Bescheid, sondern ist eine Erfahrung, eine Begegnung. Die Liebkosung beruht auf keinen Kenntnissen, sondern auf der Achtung des Seins. Die Liebkosung verkörpert weder Macht noch Gewalt, sondern Zärtlichkeit.

Marc-Alain Ouaknin (geb. 1957)

Drei Freunde während des jährlichen Festivals in Ghadames, Libyen

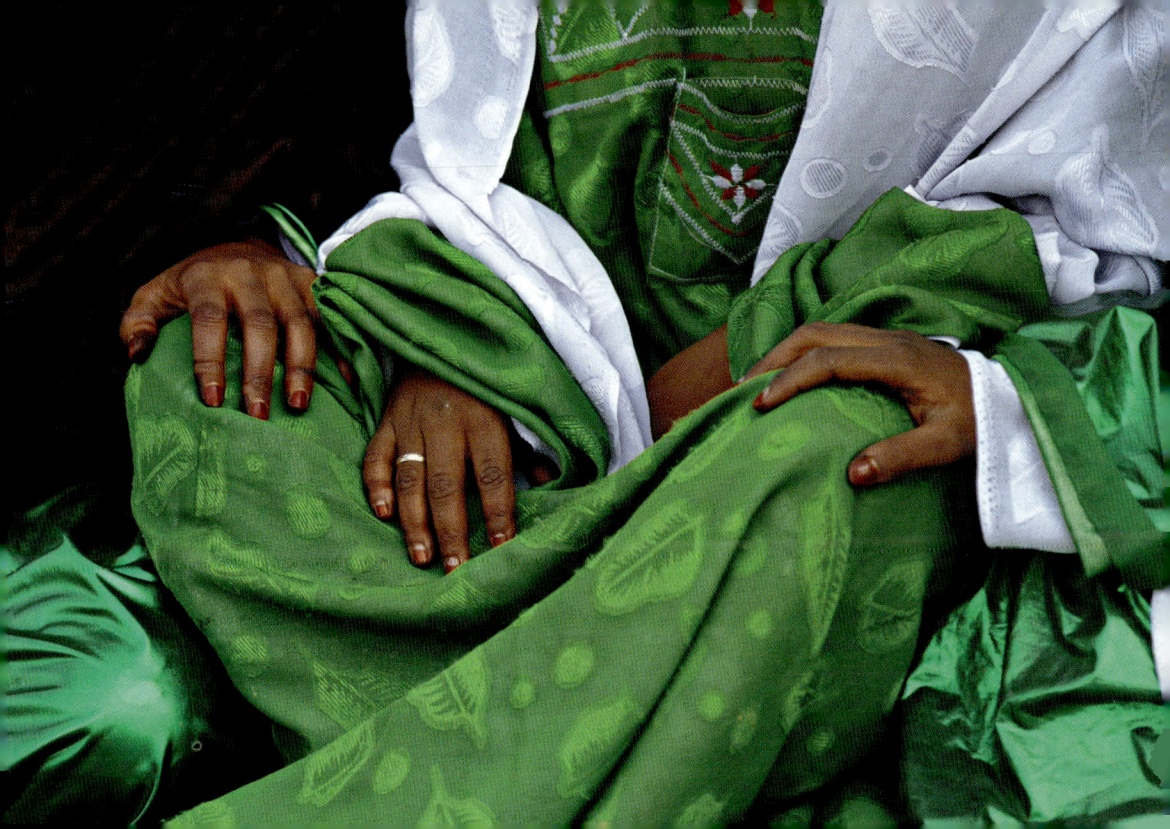

Ich schenke dir, die mein Leben mit Liebe erfüllt hat, mein Leben.

Ahmad Mohammed Rami (geb. 1946)

Die 27-jährige nubische Mutter Fatima Ebayd Mohamed mit ihrem erstgeborenen, vierjährigen Sohn Mohamed, Ägypten

SEI!

Sobald ich meine Schwächen erkenne, korrigiere ich sie.

Denn wenn ich sie ignoriere oder als Qualitäten betrachte, werden sie schaden.

Cheikh Khaled Bentounès (20. Jh.)

Die Jungen lernen in der Madrasa von Ghadames, der Koranschule in der Altstadt. Libyen

Sicher – deine Seele webt sich aus Handlungen ihre Gewänder.

Aber verlasse dich nicht auf deren Äußeres.

Denn es ist die zugrunde liegende Absicht, die ihnen Leben einhaucht.

Faouzi Skali (geb. 1953)

Gebet in der Yeni Camii, der Neuen Moschee in Istanbul, Türkei

Arbeit ist wichtig, denn sie ehrt den, der sie ausführt.

Shimon bar Yohai

Die Herstellung und der Verkauf von marokkanischen Teppichen verschafft Hunderten von Familien
ein Auskommen und erlaubt es den Frauen zu arbeiten. Marokko

Richtiges Handeln muss von einer tieferen Einsicht inspiriert sein,

die es zu einer Form von Andacht macht.

Ebenso beflügelt eine durchgeistigte Haltung freies, effektives Handeln.

Faouzi Skali (geb. 1953)

Frauen spinnen Ziegenwolle auf dem Festival in Ghadames. Libyen

Sucht stets das Gute im anderen. Richtet euer Augenmerk auf seinen positiven Kern,
durch dieses helle Licht seht den Sünder und verwandelt ihn zum Heiligen.

Rabbi Nachman von Bratslav (1772–1810)

Die Ben-Youssef-Madrasa, eine alte Koranschule, liegt inmitten der Altstadt von Marrakesch. Marokko

Der ist ein Held, der Idole zerstört;
und das Idol eines jeden Menschen ist das Ego.

Ibn al-Arabî (12. Jh.)

Die Madrasa Ben-Youssef, eine alte Koranschule, liegt inmitten der Altstadt von Marrakesch. Marokko

Die Wahrheit, nach der du suchst, o Freund, ist stets jenseits von dir.

Faouzi Skali (geb. 1953)

Dünen in Fezzan südlich von Ghat, Libyen

Ich bin weder Christ noch Jude noch Muslim.

Ich gehöre weder zum Orient noch zum Okzident noch zur Erde noch zum Meer ...

Das Ortlose ist mein Ort, das Spurlose meine Spur ...

Ich habe die Dualität hinter mir gelassen, ich habe erkannt,

dass beide Welten eines sind; ich strebe nach dem Einen, ich erkenne das Eine,

ich schaue das Eine, ich rufe das Eine an.

Eines ist der Anfang, das Ende, das Außen und das Innen.

Dschalal ad-Din ar-Rumi (13. Jh.)

Die 537 in Istanbul eingeweihte Hagia Sophia – hier ist ein Schmuckelement zu sehen – war das größte Bauwerk der Christenheit, bevor sie 1453 in eine Moschee und schließlich in ein Museum umgewandelt wurde. Türkei

Richte dein Augenmerk auf deine Grenzen,
und du wirst das Grenzenlose erkennen.

Faouzi Skali (geb. 1953)

Das Kloster Ed-Deir in Petra stammt aus dem 1. Jahrhundert und war eine Grabstätte,
bevor es Christen als Zufluchtsort diente. Jordanien

Wie soll ich beides sein, da ich doch der Mondschein bin?

Dschalal ad-Din ar-Rumi (13. Jh.)

Sonnenuntergang an der marokkanischen Atlantikküste

In der Wüste, wo er wohnte, traf ich einen Menschen an;
Ohne Gott und Glauben war er, ohne Hab und ohne Gut,
Kein Gesetz für sich erkennend, Ketzer nicht noch Muselman –
Ist in dieser Welt und jener einer wohl von gleichem Mut?

Omar Khayyam (11. Jh.)

In der Sahararegion des Erg Ubari, Libyen

Demut beruht auch auf der Erkenntnis, dass uns jede Kreatur im Universum etwas beibringen kann, was wir nicht kennen.

Dschalal ad-Din ar-Rumi (13. Jh.)

Der Hafen von Essaouira an der Atlantikküste ist morgens bei der Ankunft der Fischer belebt. Marokko

Wenn ihr traurig seid, schaut tief in euer Herz, und ihr werdet finden,

dass ihr in Wahrheit um ein vergangenes Vergnügen weint.

Khalil Gibran(1883–1931)

Einwohnerin des Hunzatals im Himalaya, Pakistan

Wenn du dich für wichtiger hältst als alle anderen Menschen,
denke dein restliches Leben nur noch an eines:
deine Seele von einer solchen Krankheit zu befreien.

Faouzi Skali (geb. 1953)

Die Statue Ramses' II. befand sich vor dem Pfeilersaal des Gerf-Hussein-Tempels und thront heute im Scheinwerferlicht des Nubischen Museums in Assuan. Ägypten

GEBEN UND VERGEBEN

DIE SPRACHE DES HERZENS

Was du siehst, ist dein Gesicht.

Was du über jemanden denkst, das denkst du über dich selbst.

Yunus Emre (13. Jh.)

Ein beduinischer Dromedarhüter in Petra, Jordanien

Richte dein Augenmerk auf deine Fehler, und sie werden sich korrigieren lassen.

Faouzi Skali (geb. 1953)

Die Madrasa Ben-Youssef, im Herzen der Medina von Marrakesch, Marokko

Wenn du einen Rat brauchst, arbeite mit Geduld.

Wenn du größer werden willst, wachse mit Geduld.

Yunus Emre (13. Jh.)

Begegnung in der Medina, der Altstadt von Tripolis, Libyen

Ich werde dir im Geheimen sagen, warum die Rose lächelt:
Damit eine schöne Frau sie in die Hand nimmt und daran riecht.

Dschalal ad-Din ar-Rumi (13. Jh.)

Die zehnjährige Imam Senoussi Ali während des Festivals der Tuareg, Libyen

Keiner von euch ist gläubig, bis er für seinen Bruder wünscht,
was er für sich selbst wünscht.

Ausspruch des Propheten Muhammad

Ein alter Mann wartet am Ausgang einer Moschee in der Altstadt von Sanaa
auf die Almosen der Gläubigen. Jemen

Ließe sich Freiheit mit Waffen verteidigen und Gleichheit mit Gesetzen,

könnte die Brüderlichkeit im Herzen des Menschen

nicht überleben und nicht wachsen.

Cheikh Khaled Bentounès (20. Jh.)

In der Liebe ist der ein Held,
der sich ergibt, wenn ihn die Liebe überfällt.

Dschalal ad-Din ar-Rumi (13. Jh.)

Die zehnjährige Sanajadih in Ghadames, Libyen

Nur dort, wo sich die Liebe des Herzens bemächtigt hat,

ist die Sprache der geheimen Blicke bekannt.

Faouzi Skali (geb. 1953)

Begegnung mit Kindern aus einem armen Dorf, das von der Herstellung von Holzkohle lebt,
in der Nähe von Taiz, Jemen

Was du nicht willst, dass man dir tu, das füg auch keinem andern zu —
das ist der ganze Sinn der Thora.
Der Rest ist bloßer Kommentar. Prüfe es selbst!

Hillel der Ältere

Der Kopf stellt vermutlich König Schabataka dar, den Sohn des berühmten Pianchi
aus der kuschitischen Dynastie. Ägypten

Ein einziges gutes Wort kann dich einen ganzen Winter lang warm halten.

Arabisches Sprichwort

Der 13-jährige Talhr, ein junger Fischer in Hudaydah am Roten Meer, Jemen

Und wenn ich prophetisch reden könnte
und alle Geheimnisse wüsste und alle Erkenntnis hätte,
wenn ich alle Glaubenskraft besäße und Berge damit versetzen könnte,
hätte aber die Liebe nicht, wäre ich nichts.

1 Korinther 13,2

Einzelne Dattelpalme in der Sahara bei Ubari, Libyen

Der Prophet hat etwas sehr Einfaches, aber ungeheuer Wichtiges gelehrt:
dass man für seine Mitmenschen sorgen soll.

Philippe Yacine Demaison (20. Jh.)

In der Altstadt von Ibb, Jemen

Liebt einander, so wie ich euch geliebt habe.

Johannesevangelium 15,12

Die Fresken und Mosaiken in der Erlöserkirche des Choraklosters (Kariye Müzesi) in Istanbul
gehören zu den schönsten aus byzantinischer Zeit. Türkei

Dein Name ist auf meinen Lippen,

dein Bild vor meinen Augen, deine Erinnerung in meinem Herzen:

Wie könntest du abwesend sein?

Ibn al-Arabî (12. Jh.)

Während des jährlichen Festivals in Ghadames, Libyen

Pfeift eine Gesellschaft auf ihre Jugend, gleicht sie einem Altenheim.
Pfeift sie auf ihre Alten, gleicht sie einem Waisenhaus. Glücklich die Jungen,
die sich die Weisheit des Alters zum Vorbild nehmen.
Glücklich die Alten, denen die Begeisterung der Jugend Mut macht.

Jüdische Maxime

Ein Einwohner erzählt die Geschichte des alten Ghadames, einer der ältesten Oasenstädte der Sahara. Libyen

Gewalt resultiert aus der Meinung,
dass wir den anderen und die Welt bereits kennen.

Marc-Alain Ouaknin (geb. 1957)

Basrelief des römischen Theaters in Sabratha, Libyen

Jemanden zu respektieren, seine Vergangenheit zu achten,

heißt zu begreifen, dass er derselben Menschheit angehört wie man selbst –

und nicht einer anderen, einer Menschheit zweiter Klasse.

Amin Maalouf (geb. 1949)

Die 50-jährige nubische Mutter Azizah Bechir Jumah im Hof ihres Hauses am Nilufer, Ägypten

Es wäre katastrophal, wenn die gegenwärtige Globalisierung tatsächlich einer Einbahnstraße gleichkäme, wo es auf der einen Seite nur »die Sender«, auf der anderen Seite nur »die Empfänger« gibt; wo es heißt: hier »die Norm«, dort »die Ausnahmen«; hier diejenigen, die davon überzeugt sind, dass der Rest der Welt sie nicht verstehen kann; dort diejenigen, denen eingeredet wurde, dass die Welt nie auf sie hören wird.

Amin Maalouf (geb. 1949)

1461 im alten Istanbul erbaut, war der Große Basar jahrhundertelang der größte überdachte Markt der Welt. Türkei

Der Narr sagt, was er weiß, der Weise weiß, was er sagt.

Rabbi Simcha Bunem von Przysucha

Tadschikische Kameltreiber in der Region des Mustagh Ata im Herzen Zentralasiens,
zwischen China, Afghanistan und Pakistan

Auf eine Bitte hin zu geben ist gut,
aber besser ist ein verständnisvolles Geben aus freien Stücken.

Khalil Gibran (1883–1931)

In der Altstadt von Ghadames, einem ehemaligen Hauptknotenpunkt des Transsahara-Handels, Libyen

Es geht um eine andere Wahrheit als die, die du aussprichst.

Wenn du sie erkennen willst, höre sie vom Grund deines Wesens heraufbranden.

Denn aus dieser inneren Notwendigkeit wird die Vision geboren.

Faouzi Skali (geb. 1953)

Die zwölfjährige Safaa Gamal ist nubischer Herkunft und wohnt mit ihrer Familie am Ufer des Nils. Ägypten

Es ist die Verbesserung der Lebensqualität der Ärmsten,

worin Wachstum begründet ist oder sein sollte.

Muhammad Yunus (geb. 1940)

Im Hafen von Hudaydah an der Küste des Roten Meeres, Jemen

Eine Wurzel ist kein Zweig, sie ist eine Sache, der Zweig eine andere.
Dennoch sind sie keine Gegensätze,
sondern stellen lediglich jeweils einen anderen Aspekt dar.

Abû Hayyân al-Tawhîdî (10. Jh.)

Im Majorelle-Garten in Marrakesch, Marokko

Es gibt heute kein einziges Land mehr, das es sich leisten könnte,

nicht ernsthaft über Möglichkeiten des Zusammenlebens verschiedener Bevölkerungsgruppen

nachzudenken, seien diese nun lokaler Herkunft oder immigriert.

Spannungen herrschen überall, die besser oder schlechter im Zaum gehalten werden

und grundsätzlich die Tendenz haben zu eskalieren.

Amin Maalouf (geb. 1949)

Zwei palästinensische Freunde ruhen sich in der Altstadt von Jerusalem aus.

NACHSICHT UND GÜTE

Wie ein Blatt nicht von allein gelb wird, sondern durch das Einverständnis des ganzen Baumes, so kann der Übeltäter das Übel nicht tun, ohne den verborgenen Willen von euch allen.

Khalil Gibran (1883–1931)

Fischerboote im Hafen von Essaouira an der Atlantikküste, Marokko

Wer auf dieser Welt hat noch nie gelitten? Sag es mir!

Heißt leben denn nicht leiden? Sag es mir!

Ich richte Schaden an und ernte dein Vergelten.

Worin unterscheiden wir uns? Sag es mir!

Omar Khayyam (11. Jh.)

Dromedare im Süden der Sahara, Tschad

Wenn du deinen Nächsten etwas Unzureichendes tun siehst,
verurteile ihn nicht. Denke vielmehr: »Was fiele mir zu meiner Entschuldigung ein,
wenn ich an seiner Stelle wäre?« Diese Entschuldigung lass auch für deinen
Nächsten gelten, und tu dein Bestes, ihn zu entlasten. Das ist der Sinn des Bibelverses:
»Liebe deinen Nächsten wie dich selbst.«

Rabbi Menachem Mendel (1902–1994)

In den Morgenstunden verkaufen die Fischer ihren Fang am Hafenkai von Essaouira. Marokko

Mäßigen wir unser Urteil! Lasst uns nichts verdammen
und nichts übereilt behaupten. Denn die Wirklichkeit, die wir beurteilen,
ist nicht von Dauer. Das Unglück des Menschen besteht darin,
dass er überstürzt urteilt. Er verdammt sich und andere, indem er an
Wahrheiten festhält, die vergänglich sind.

Cheikh Khaled Bentounès (20. Jh.)

Die uigurische Stadt Kaschgar in China besitzt den größten Markt Zentralasiens.

Es genügt die Selbsterkenntnis, um sich außerstande zu sehen,
den Verfolger vom Verfolgten, den Schuldigen vom Unschuldigen zu unterscheiden.
Mitten im Leben angekommen, stellt der Mensch fest, dass er »nicht höher steht
als ein Verbrecher, noch weniger edel ist als ein Prophet«.

Khalil Gibran (1883–1931)

Ein Getreidehändler raucht seine Wasserpfeife, während er auf Kunden wartet. Jemen

Missachte keinen Menschen, und verachte kein Ding,

denn es hat jeder Mensch seine Sternstunde und jedes Ding seinen Platz.

Rabbi Ben Asai (2. Jh.)

Ein von frischem Fisch gesättigtes Kätzchen schläft auf einem Fischernetz im Hafen von Agadir. Marokko

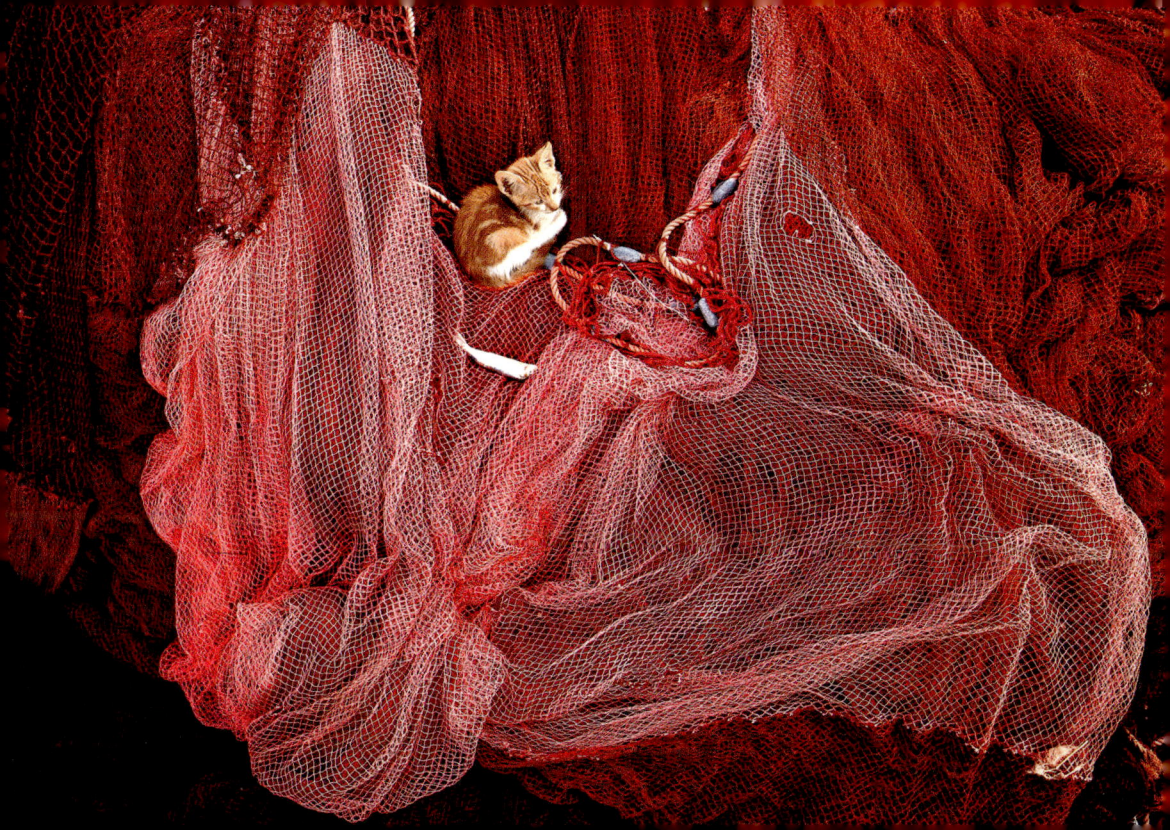

Und für den Großherzigen ist die Einfühlung in den, der empfangen soll, eine größere Freude als das Geben selbst.

Khalil Gibran (1883–1931)

Glückliche Begegnung in einem Dorf in der Nähe von Taiz, Jemen

Und welche Verdienste wären größer als der Mut und das Vertrauen,

ja auch die Nächstenliebe, die im Empfangen liegen?

Khalil Gibran (1883–1931)

Ein Einwohner erzählt die Geschichte von Ghadames, einer der ältesten Oasenstädte der Sahara. Libyen

Die Tür, die sich nicht für die Mildtätigkeit öffnet, öffnet sich für den Arzt.

Jüdisches Sprichwort

Typisches Eingangstor in eine Kasbah in der Nähe von Tizirt, Marokko

Wer dich achtet, achtet mich.

Wer dich verachtet, verachtet mich.

Wer dich erniedrigt, erniedrigt sich.

Ibn al-Arabî (12. Jh.)

Der Hafen von Agadir, erster Sardinenfischereihafen Marokkos

Was ist Reinheit? Sie ist die Barmherzigkeit des Herzens gegenüber

der ganzen Natur [...] Und was bedeutet Barmherzigkeit?

Sie ist eine zur ganzen Schöpfung entflammte Liebe – zu den Menschen, den Vögeln,

den Vierfüßlern, den Dämonen, zu allem, was existiert.

Dem Menschen kommen im Gedanken an sie die Tränen, da sein Herz

von tiefem Mitgefühl überwältigt wird, welches ihm nicht mehr gestattet, auch nur die

Aussicht zu tolerieren, dass irgendeiner Kreatur etwas zuleide getan wird.

Isaak der Syrer

In der Lehmbaustadt Schibam in Hadramaut, Jemen

Meine Barmherzigkeit aber soll alle Dinge umfassen.

Koran 7,158

Das hoch gelegene Dorf Al Muthmar-Al Sofli im Haraz-Gebirge, Jemen

Ihr sagt oft: »Ich würde ja denen geben, die es verdienen.«
Die Bäume in eurem Obstgarten reden nicht so, und auch nicht
die Herden auf euren Weiden.

Khalil Gibran (1883–1931)

Wenn der Boden abgegrast ist, klettern die Ziegen gerne auf Arganbäume, um an den Blättern zu knabbern. Marokko

Bevor ihr den Marktplatz verlasst, seht zu, dass niemand mit
leeren Händen seines Weges geht. Denn der Große Geist der Erde gibt keine Ruhe,
bis auch die Bedürfnisse des Geringsten unter euch befriedigt sind.

Khalil Gibran (1883–1931)

Der 1660 erbaute Ägyptische Basar in Istanbul bietet eine Überfülle an herrlich duftenden Gewürzen. Türkei

Dank der aufrichtigen Reue eines einzigen Menschen
ist der ganzen Welt vergeben.

Rabbi Meir

Gebet in der Moschee von Süleyman dem Prächtigen (Süleymaniye Camii), der größten Moschee Istanbuls, Türkei

Reue ist wichtig:

Sie vermag aus der Schuld heraus- und auf den rechten Weg zurückzuführen.

Rabbi Jochanan Ben Sakkai

Dromedare in der südlichen Sahara, Tschad

Deshalb gebt jetzt, damit das Geben an euch liegt und nicht an euren Erben.

Khalil Gibran (1883–1931)

Die Hunzakut in den Tälern des Himalaja bezeichnen sich als direkte Nachfahren
von Alexander dem Großen. Pakistan

Lass deinen Blick im Universum meines Blickes schweifen;

lass deine Hände in der Liebkosung meiner Hände ausruhen.

Ahmad Shafiq Kamel (20. Jh.)

Begegnung mit Kindern eines armen Dorfes, das von der Holzkohleherstellung lebt,
in der Nähe von Taiz, Jemen

Komm, komm, komm ... wer du auch sein magst, komm!
Komm, auch wenn du ungläubig bist, abergläubisch oder heidnisch,
unser Kloster ist kein Ort der Verzweiflung;
auch wenn du schon hundertmal deinen Eid gebrochen hast, komm!

Dschalal ad-Din ar-Rumi (13. Jh.)

Ghadames, die »Perle der Wüste«, gehört zum Kulturerbe der Berber
und ist eine der ältesten Oasenstädte der Sahara. Libyen

FRIEDE SEI MIT DIR

Erkundige dich niemals bei jemandem nach deinem Weg, der diesen kennt,

denn du könntest dich nicht verirren.

Rabbi Nachman von Bratslav (1772–1810)

Die Dünen von Ghadames, dem Tor zur Sahara, liegen in Libyen unweit der algerischen und tunesischen Grenze.

Wir finden, die Welt sei heute grenzenloser und vielseitiger als je zuvor.
In Wirklichkeit ist sie armseliger. Eine Welt, die keine Gegenwart Gottes zulässt,
ist eine Welt, die auch kein menschliches Gegenüber duldet.

Marc-Alain Ouaknin (geb. 1957)

Die Masjed-e Imam in Isfahan, eine der schönsten Moscheen der Welt, Iran

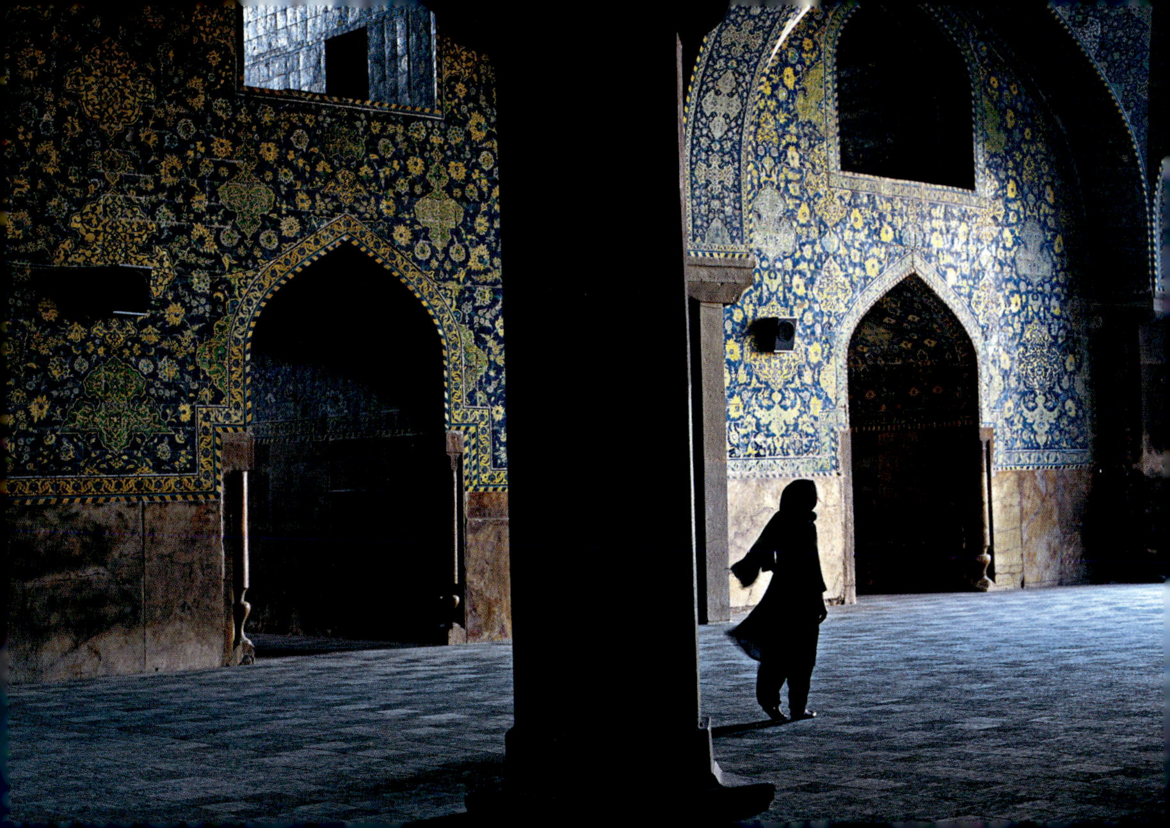

Man sollte jeden Tag tanzen, und sei es nur in Gedanken.

Rabbi Nachman von Bratslav (1772–1810)

Marionette eines Sufitänzers in der Vitrine eines kleinen Ladens im Großen Basar in Istanbul, Türkei

Der Mensch, der es geschafft hat, inneren Frieden zu finden,
kann diesen der gesamten Welt bringen.

Rabbi Bunam aus Pzysha

Wassermelonenverkäufer nahe des Mausoleums von Abakh Hoja in der uigurischen Stadt Kaschgar in China, im Herzen Zentralasiens

Sieh, wie das Feuer aus der Asche emporsteigt,

nach der süßen Ruhe des Vergessens.

Faouzi Skali (geb. 1953)

Die zehnjährige Ream in der Altstadt von Ghadames, Libyen

An diesem höheren Ort deiner selbst ist der Augenblick nichts mehr,

was man misst; er ist ein Urimpuls,

der innerhalb der Ewigkeit deine Existenz bestimmt.

Faouzi Skali (geb. 1953)

Die zwischen 1550 und 1557 erbaute Moschee Süleyman des Prächtigen (Süleymaniye Camii)
ist ein Wunderwerk der Akkustik und die größte Moschee Istanbuls. Türkei

Es gibt viele Möglichkeiten der Suche, aber der Gegenstand der Suche ist immer derselbe. Siehst du nicht, dass verschiedene Wege nach Mekka führen, einer von Byzanz, der andere von Syrien und wieder andere von noch weiter her über das Land oder das Meer? Die Wege sind verschieden, aber das Ziel ist dasselbe…

Dschalal ad-Din ar-Rumi (13. Jh.)

In Essaouira während des Gemeinschaftsgebets am Ende des Ramadan, Marokko

Und das, was in euch singt und nachdenkt,

weilt noch in den Grenzen jenes ersten Augenblicks,

der im Weltraum die Sterne ausstreute.

Khalil Gibran (1883–1931)

Die 19-jährige Targia Fatima in Ghadames, Libyen

Liebe ist meine Religion und mein Glaube

Ibn al-Arabî (12. Jh.)

Dromedare kommen zum Trinken in die Guelta Archai im Süden der Sahara. Tschad

*Mein Gebot lautet, euch Gastfreundschaft zu gewähren
und euch in Frieden weiterziehen zu lassen.*

Ein Wüsteneremit

Erste Dünen in der libyschen Sahara am Dreiländereck zu Algerien und Tunesien

Du bist die Triebfeder der Seele des Universums, und dein Name ist Liebe.

Dschalal ad-Din ar-Rumi (13. Jh.)

Die Masjed-e Imam (Freitagsmoschee) in Isfahan, eine der schönsten Moscheen der Welt, Iran

Das Wesentliche liegt jenseits der Worte.
Es steckt in der gelebten Wirklichkeit,
in den Seinsweisen und Bewusstseinsformen,
in der inneren Öffnung.
Worte sind davon nur schwache Reflexe,
Spuren einer Reise,
Spuren des Lichts.

Faouzi Skali(geb. 1953)

Im Hafen von al-Hudaida an der jemenitischen Küste spiegeln sich Fischerboote im Wasser.

Du bist mein Leben, dessen Morgenröte mit deinem Licht aufsteigt.

Ahmad Shafiq Kamel (20. Jh.)

Die achtjährige Harimna Jakih während des jährlichen Festivals in Ghadames, Libyen

Heiligkeit beginnt mit der Anerkennung der Erscheinung des anderen.

Marc-Alain Ouaknin (geb. 1957)

Die libanesische Schriftstellerin Alma Fakhre Mecattaf setzt sich für die Würde der Frauen ein.

Die Liebe ist das Weltall, wir sind ein Atom;

sie ist der Ozean, wir sind ein Tropfen.

Dschalal ad-Din ar-Rumi (13. Jh.)

Beim Gebet wird der Schöpfer in demütiger Hingabe gelobt und um Vergebung und Unterstützung gebeten.

Bibliografie

ADDAS (Claude), *Ibn Arabî et le voyage sans retour*, © Éditions du Seuil.

ATTAR (Faridud-Dîn), *Le Livre des Conseils*, Übersetzung aus dem Persischen durch Ateliers Föllmi.

BENTOUNÈS (Cheikh Khaled), *L'Homme intérieur à la lumière du Coran*, © Albin Michel, 1998.

DEMAISON (Philippe Yacine), *L'Islam dans la cité: dialogue avec les jeunes musulmans français*, © Albin Michel, 2006.

DESEILLE (Placide), *La Spiritualité orthodoxe et la philocalie*, © Albin Michel.

EMRE (Yunus), *Le Petit Livre des Conseils*, übersetzt aus dem türkischen und vorgestellt von André Duchemin, © Éditions Arfuyen, 2006.

GHAZÂLÎ, *Le Tabernacle des Lumières (Michkât Al-Anwâr)*, © Éditions du Seuil, 1981.

GIBRAN (Khalil), *Les Dieux de la Terre*, © Éditions La Part Commune, 1990.
– »Le Prophète & Le jardin du Prophète«, © Éditions du Seuil, 1992.
– »Le Sable et l'écume, Aphorismes«, © Albin Michel, 1990.

IBN'ARABI, *Le Chant de l'ardent désir*, © Actes Sud, 1995.

JERUSALEMER BIBEL (Die), Übersetzung der *École biblique et archéologique française de Jérusalem*, © Éditions du Cerf, 1988.

KHAYAM (Omar), *Quatrains-Ballades*, © Actes Sud, 1998.
– »Rubâ'yât«, © CFL, Gallimard, 1994.

KORAN (Der), Übersetzung von Jean Grosjean, © Éditions du Seuil, 1998.

LURÇAT (Pierre Itshak), *Préceptes de vie issus de la sagesse juive*, © Presses du Châtelet, 2001.

MAALOUF (Amin), *Les Identités meurtrières*, © Grasset & Fasquelle, 1998.

MALKA (Victor), *Mots d'esprit de l'humour juif*, © Éditions du Seuil, 2006.
– »Proverbes de la sagesse juive«, © Éditions du Seuil, 1994.
– »Les Sages du judaïsme, Vie et enseignements«, © Éditions du Seuil, 2007.

MÉGALLY (Samir), *L'Égypte chantée 2*, Oum Kalthoum, © Éditions Samir Mégally, 1997.

MERTON (Thomas), *La Sagesse du désert, Aphorismes des pères du désert*, © Albin Michel, 2006.

MIDAL (Fabrice), *L'Essentiel de la sagesse soufie*, © Presses du Châtelet, 2006.

OUAKNIN (Marc-Alain), *Lire aux éclats. Éloge de la caresse*, © Éditions du Seuil, 1994.

Paroles de Touaregs, Texte präsentiert von Maguy Vautier, © Albin Michel, 1997.

RUMI (Dschalall-ad-Din ar-), *Mathnawî, la quête de l'Absolu*, © Éditions du Rocher, 2004.
– »Odes mystique Dîvân-E Shams-E Tabrîzî«, © Editions du Seuil. Penguin Arkana, 1998.
– »Roubâ'yât«, © Librairie d'Amérique et d'Orient Adrien Maisonneuve.

SCHIMMEL (Annemarie), *Meine Seele ist eine Frau. Das Weibliche Im Islam*, © Kösel, 1996.

SCHUON (Frithjof), *Comprendre l'Islam*, © Éditions du Seuil, 1976.

SKALI (Faouzi), *Traces de lumière, Paroles initiatiques soufies*, © Albin Michel, 1996.

TAWHIDI, *De l'Amitié*, © Actes Sud, 2006.

VITRAY-MEYEROVITCH (Éva de), *Rûmi et le soufisme*, © Éditions du Seuil, 2005.

YUNUS (Muhammad), »Transgresser les préjugés économiques«, *Le Monde diplomatique*, Dezember 1997.

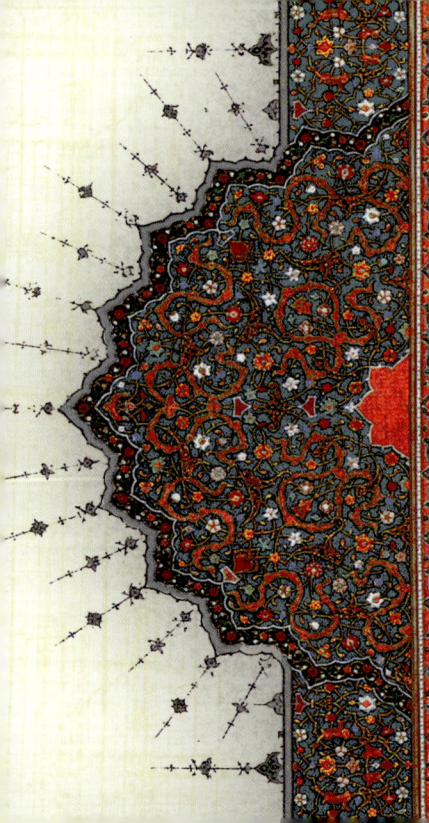

Autorenverzeichnis

Überlieferte Texte:
arabisch: S. 68, 88, 172, 182
christlich: S. 272
jüdisch: S. 192, 230
der Tuareg: S. 68

Dieser Band basiert auf der Publikation »Die Weisheit des Orients – Tag für Tag«,
die 2008 im Knesebeck Verlag erschien.

Die von Danielle und Olivier Föllmi konzipierte Reihe »Weisheit der Welt – Tag für Tag« umfasst die im Folgenden
aufgezählten sieben Bände, die zwischen 2003 und 2009 erschienen.

Für die vorliegende Publikation wurden diese zusammengefasst und überarbeitet:

- *Die Weisheit des Buddhismus Tag für Tag*
- *Die Weisheit Indiens Tag für Tag*
- *Die Weisheit Afrikas Tag für Tag*
- *Die Weisheit Lateinamerikas Tag für Tag*
- *Die Weisheit Asiens Tag für Tag*
- *Die Weisheit des Orients Tag für Tag*
- *Die Weisheit des Abendlandes Tag für Tag*

Titel der Originalausgabe: »Souffles. 130 pensées de sages d'Orient«
Erschienen bei Éditions de La Martinière, Paris, 2010
Copyright © 2010 Éditions de la Martinière

Deutsche Erstausgabe
Copyright © 2011 von dem Knesebeck GmbH & Co. Verlag KG,
München
Ein Unternehmen der La Martinière Groupe

Umschlaggestaltung: Leonore Höfer, Knesebeck Verlag
Satz: satz & repro Grieb, München
Herstellung: VerlagsService Dr. Helmut Neuberger &
Karl Schaumann GmbH, Heimstetten
Druck: TOPPAN, Leefung
Printed in Singapore

ISBN: 978-3-86873-375-4

Alle Rechte vorbehalten, auch auszugsweise

www.knesebeck-verlag.de